AF331408

L²⁷ₙ
26156

QUELQUES MOTS

D'UN PRÊTRE

DE L'ÉGLISE ROMAINE

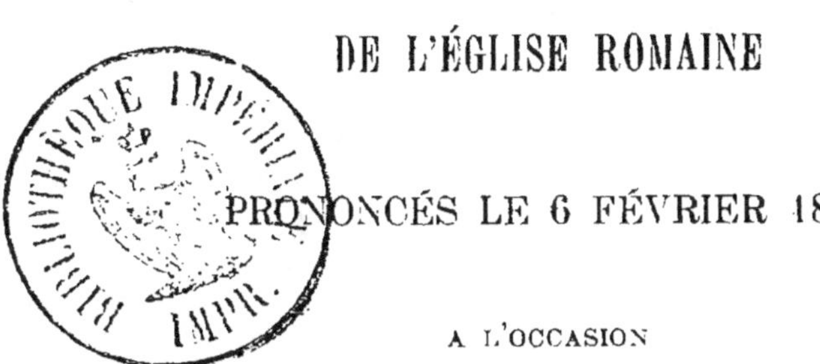

PRONONCÉS LE 6 FÉVRIER 1870

A L'OCCASION

DE SA RÉCEPTION DANS L'ÉGLISE ANGLICANE

A ALGER

BIBLIOTHÈQUE IMPÉRIALE IMPR.

ALGER

IMPRIMERIE CENTRALE (USINE A VAPEUR) — Eug. GARAUDEL

PLACE DU THÉATRE ET RUE BOCCHUS

1870

QUELQUES MOTS

D'UN PRÊTRE

DE L'ÉGLISE ROMAINE

> Je dis la vérité en Christ ; je ne mens point, et ma conscience m'en rend temoignage par le Saint-Esprit.
>
> (*Rome.* IX, 1.)

MES VÉNÉRÉS FRÈRES DE L'ÉGLISE ANGLICANE,

Votre âme est doucement et pieusement émue dans le Seigneur ; car vous voyez au milieu de vous un nouveau frère, un frère nouveau venu, mais qui toujours néanmoins a été vôtre par l'esprit et le cœur.

Vous désirez maintenant connaître les motifs de ma conversion, de mon entrée en votre communion si belle, m'attachant à cette vérité première dans laquelle vous avez eu le bonheur de naître et vous avez vécu. Ces motifs, il est de mon devoir de vous les donner, et je viens vous les exposer avec cette simplicité qui accompagne toujours la conviction sincère et la bonne foi.

Baptisé comme vous au nom de la Sainte Trinité, comme vous aussi Vénérés Frères, j'ai toujours cru en Dieu le Père, créateur du ciel et de la terre. J'ai reconnu et reconnais encore la souveraineté de son être et la bassesse du mien, son éternité et les limites étroites de ma vie, sa sagesse et la faiblesse de mes lumières, sa toute-puissance et ma dépendance.

Comme vous, j'ai toujours cru en Jésus-Christ modèle des prédestinés, juge des vivants et des morts; verbe du Père, sa pensée éternelle, sa sagesse engendrée devant l'aurore, conçue en lui devant tous les temps et qui, sortant de son principe sans le quitter, est descendu dans le sein de la bienheureuse Vierge, s'est revêtu de chair et s'est fait homme uni à Dieu; est né dans une étable et mort sur une croix, vivant ainsi dans l'obscurité et mourant dans l'ignominie pour notre salut et la gloire de son Père, à la droite duquel il règne à jamais sur le trône brillant de son éternité! Il a toujours été pour moi, comme pour vous, cette voie sûre et seule véritable qui conduit au ciel, cette vérité éternelle qui doit être la base et l'unique fondement de notre foi, cette vie réelle qui vivifie toute âme croyant à sa divine parole.

Comme vous, je n'ai jamais cessé de croire en l'Esprit-Saint, amour du Père et du Fils et leur éternelle union. Esprit qui a fait les prophètes et qui a été en eux pour leur découvrir les conseils de Dieu et les secrets de l'avenir, guide que nous nous sommes engagés d'écouter et qui ne doit nous montrer qu'une seule et même route ; docteur qui ne doit nous enseigner qu'une science ; oracle qui ne doit nous tenir et nous apprendre qu'un langage ; voix qui ne se fait entendre qu'au fond d'une conscience droite.

Comme vous, mes Frères, j'ai cru toujours en ces trois personnes divines qui ne font qu'un être, différent en propriété, non en nombre ; en ordre, non en nature comme divinité.

Ainsi que vous, je veux et je crois, par la grâce du Seigneur, tout ce qui m'est proposé par le triple symbole de l'Église ; j'ai renoncé à tout ce qui pourrait mettre obstacle à cette croyance et à cette volonté, et je proclame en ce moment, avec toute la fermeté que le Ciel accorde à mon âme, que ma foi en ces vérités n'a pas changé.

Pourquoi donc ma désertion de l'Eglise romaine ? Mon entrée parmi vous, Vénérés Frères, aurait-elle quelque motif intéressé, comme, par exemple, celui des honneurs ou d'une vie plus facile, plus aisée, plus fortunée ? Ah ! Si une telle pensée visitait votre esprit, chassez-la bien vite, elle serait mensongère.

Prêtre de Jésus-Christ, non par mes propres mérites, mais par une faveur toute spéciale du Très-Haut, j'ai reçu en mon ordination un titre plus beau et plus glorieux que tous les titres que le monde vénère dans les rois et les princes de la terre. Or, vous le savez, vous l'avez lu dans les pièces authentiques, que je vous ai livrées, révérend Pasteur dont la main va me communier aujourd'hui, je ne me suis pas présenté à vous comme un prêtre interdit : le Seigneur, à travers les écueils si nombreux de ce monde, a daigné conduire son serviteur et l'a soutenu. Jusqu'à ce jour, il m'a été donné de vivre en paix avec mes confrères, et l'acte public que j'accomplis en ce moment sera le seul mur de séparation que j'établis volontairement entre nous, parce que mes convictions et ma conscience m'y invitent.

Je pourrais jouir d'une certaine fortune, et pour venir à vous j'ai dû la sacrifier. Mais ce sacrifice, je le fais avec joie, et aujourd'hui mon bonheur est grand ; car mon seul désir, comme le vôtre, Vénérés Frères, est d'amasser des trésors dans le ciel où il n'y a ni rouille, ni vers qui consument. — Où est votre trésor, là aussi est votre cœur. Eh bien ! mon trésor le plus cher, c'est ma foi, don céleste qui me fortifie et que, sans aucun mérite de ma part, a bien voulu m'accorder l'esprit divin ; ma consolation, c'est de pouvoir faire la volonté de Dieu, d'agir pour sa gloire, le salut de mon prochain et mon propre salut. Avec cela, je puis espérer et j'espère que le Seigneur sera mon héritage, et il ne saurait m'abandonner ; car à celui qui cherche le royaume de Dieu et la justice, tout le reste est donné par surcroît.

Je ne viens pas à vous par une détermination précipitée et sans avoir mûrement considéré auparavant et même depuis plusieurs années tout le sérieux d'une démarche qui doit être si pure d'intention, si sincère, si pleine toujours du seul esprit de Jésus-Christ.

Né de parents pieux et chrétiens, toute ma vie a été consacrée à l'amour de la vérité; car on m'avait appris de bonne heure que Dieu nous a créés pour le connaître, l'aimer et le servir. Je désirais donc la vérité avec ardeur, et elle fut la plus constante aspiration de mon esprit et de mon âme. Aussi quelle ne fut pas ma joie lorsque, au séminaire, je me vis admis aux cours de Dogme et d'Écriture sainte. Hélas! cette joie ne fut pas de longue durée. Bientôt, en effet, je m'aperçus de la grande divergence de sentiments qui divisaient entre eux les hommes les plus savants et les plus pieux de mon diocèse. Comme naguères j'avais l'honneur de vous le dire, Révérend Pasteur, je fus peu édifié en présence de tous ces partis aux idées et aux principes diamétralement opposés et dont néanmoins aucun n'est condamné par Rome. Cependant, plein de confiance en Dieu, je priai beaucoup, demandant sans cesse au Ciel la connaissance du vrai. Or, dans mes veilles solitaires et prolongées pour la recherche de la vérité divine, je me rappelai ce précepte du Christ : « Scrutez les Écritures. »

Je les ai donc lues et relues avec le seul et ardent désir de trouver la véritable voie du salut, et de découvrir cette manne cachée qui doit nourrir l'âme exilée pendant sa traversée au milieu du désert de cette vie.

Me livrant ainsi à la méditation pure et simple de l'Évangile, sans négliger la controverse, je ne pus admettre les préjugés et les traditions mensongères dont on obscurcit les lumières de la Sainte Écriture.

et qui, trop souvent, empêchent d'en saisir le sens sublime et vrai.

Ma constance fut bénie, et le Dieu qui me l'avait inspirée et qui nous a promis que celui qui cherche trouvera et qu'il sera donné à celui qui aura demandé, me permit de pénétrer un peu le sens mystérieux du Saint Livre, me montrant déjà la terre promise où, Vénérés Frères, votre expérience vous l'a dit, se trouvent le bonheur, le repos de la conscience.

Plus tard, afin d'écouter avec loisir la voix de Dieu qui se fait entendre dans les Saintes Lettres, et afin de m'instruire de plus en plus pour mon salut par la foi qui est en Christ, je me retirai dans la solitude, où, pendant près de six ans, éloigné des créatures, vivant dans le silence d'un monastère, et, comme sur la montagne d'Horeb, tâchant de communiquer avec le Seigneur par le moyen de l'oraison, je me plaisais à solliciter humblement les grâces et les lumières du Ciel.

Là donc, mon âme s'abreuva plus délicieusement et plus abondamment à la source sacrée de l'Évangile, et mon esprit fut convaincu que les hommes ne doivent être écoutés et crus qu'autant qu'ils sont pleins de la vérité de Jésus-Christ ; car, Jésus-Christ n'a parlé, n'a agi, qu'afin d'être écouté de nous et de nous inviter à étudier attentivement le détail si instructif et si édifiant de sa vie.

Oui, ô Verbe divin, ô Parole incréée et incarnée pour nous ! tu as daigné te faire entendre à mon cœur ! et tu m'as fait comprendre que ceux qu'on appelle frères égarés sont plus dans le vrai que ceux qui se permettent de les juger et de les condamner, puisqu'ils s'attachent à ta seule et infaillible doctrine! Merci, mon Dieu, merci!..

Longtemps donc, Vénérés Frères, j'ai examiné les pratiques et les croyances des communions chrétiennes, et je les ai étudiées parallèlement avec les Écritures; et c'est par ce long et mûr examen que j'ai été amené à reconnaître qu'à Rome la religion du Christ, loin d'être restée belle et pure comme aux jours où elle est sortie de son divin cœur, est devenue et devient de plus en plus difforme par les institutions et les innovations sans cesse croissantes des hommes qui se disent les seuls dépositaires et les infaillibles interprètes de la vérité. Or, leurs interprétations anéantissent la parole évangélique, cette pierre fondamentale de la foi, qui en a été couverte comme d'une mousse tellement épaisse, qu'aujourd'hui on ne saurait plus la distinguer, si nous ne la trouvions conservée, brillante de son propre éclat, dans les communions telles que celle, si florissante, qui me reçoit aujourd'hui dans son sein et dont les principes seront toujours mes principes; car ils ont été puisés dans la doctrine vraie du Sauveur Jésus.

Je quitte les rangs de l'Église de Rome, parce que je trouve en elle manque de charité chrétienne, despotisme, arbitraire, superstition, contradiction, pharisaïsme. Daigne le rédempteur ramener à sa foi cette Église que j'ai tant aimée avant de connaître ses erreurs!

Oui, Vénérés Frères, je suis des vôtres aujourd'hui de corps comme je l'ai toujours été de cœur. Vos trente-neuf articles de foi, je les ai étudiés, médités, j'en admire la force qui est grande comme la divine parole qui leur a donné la vie. je les adopte de tout mon cœur et de toute mon âme.

Je vénère aussi la liturgie Anglicane, si bien en accord avec la Sainte Ecriture et qui contribue si puissamment à l'édification chrétienne.

Je n'ignore pas, Vénérés Frères, que mon entrée en votre communion dite Anglicane, et que j'appelle aussi Catholique, doit me susciter une certaine persécution morale soit de la part de mes frères dans le sacerdoce, soit de la part de mes proches, soit de la part de ma famille. Mais votre charité si connue m'est un sûr garant que vous prierez pour moi, et je souffrirai tout avec patience. La foi me soutiendra, elle sera pour moi le casque du salut. J'invoquerai le nom du Seigneur et je m'estimerai heureux ; car je ne saurais mieux témoigner ma reconnaissance à Dieu, pour les bienfaits dont il me comble aujourd'hui, qu'en souffrant quelque chose pour son nom et l'amour de sa vérité. S'il daigne m'offrir son calice, je sais que Jésus en a bu le plus amer ; s'il m'offre un bout de sa croix, je sais qu'il ne me laissera pas seul à la porter ; car il veille et combat avec celui à qui il est donné de vivre de sa foi. La tempête peut donc s'élever, elle ne saurait briser mon cœur que Jésus a daigné unir au sien. Voilà pourquoi je lèverai avec confiance les yeux vers les montagnes saintes, c'està-dire, vers les Prophètes et les Évangélistes, et la parole inspirée et écrite me dira sans cesse que mon secours doit venir du Seigneur qui a fait le ciel et la terre. Que puis-je donc craindre, puisqu'une telle espérance est la compagne de ma foi en celui que j'aime de toute la puissance de mon âme?...

O Seigneur, qui te plais à habiter avec ceux qui se réunissent en ton saint nom et qui daignes écouter leurs prières, je te rends grâces pour les bienfaits dont tu ne cesses de me combler depuis que la vie fait palpiter mon cœur. Que suis-je donc, mon Dieu, pour que tu daignes te souvenir de moi? Hélas! je suis moins que le ver de terre; car le ver de terre ne t'offense jamais, et il ne se passe pas de jour que je n'aie à m'humilier et à te demander grâce pour mes faiblesses incessantes et mes péchés! Et malgré cela ta providence me prodigue ses soins, et aujourd'hui même, par le plus grand effet de tes grâces, tu m'as introduit dans ta véritable famille, au milieu de ceux de tes enfants qui gardent le plus fidèlement ta sainte parole et pratiquent le mieux tes préceptes, adorant en esprit et en vérité. Sois béni, Seigneur! sois béni à jamais pour tant d'amour et tant de grâces, et m'accordant encore une faveur, fais que je veuille toujours ce qui te plait, et que je marche en ta sainte présence sans jamais oublier la reconnaissance qui t'est due de la part de mon âme!

Fortifie, Père céleste, les liens qui m'unissent aux charitables frères qui viennent de m'admettre en ton nom comme un des leurs. Que toutes mes prières de chaque jour attirent sur eux tes bénédictions et tes grâces. Oui, que nous vivions sans cesse dans ta foi, dans l'espérance en tes promesses, pour t'aimer à jamais de l'amour le plus pur, le plus constant.

Ouvre les yeux aux pauvres frères que je viens de quitter et qui me maudiront peut-être! Chasse loin d'eux l'erreur qui les aveugle et ramène-les dans les sentiers de ta vérité. Envoie ton esprit, et renouvelle la face de la terre, afin que tous tes enfants qui l'habitent ne fassent bientôt plus qu'une famille spirituelle dont les membres soient tous unis dans la charité la plus parfaite.

N'oublie pas, Dieu tout-puissant, dans la dispensation de tes faveurs divines, le digne Pasteur, le Vénéré Ministre qui, après m'avoir aidé à comprendre la pure vérité de tes enseignements, a prié pour moi, m'a procuré accès en la communion de tes vrais enfants. Accorde-lui, Seigneur, de toujours continuer à nous édifier par ses vertus, et la consolation de te gagner des âmes nombreuses.

Père céleste, ne refuse pas à chacun de tes serviteurs ici assemblés la persévérance dans ton amour vrai, à l'honneur et à la gloire de ton saint nom, par Jésus-Christ notre Seigneur. Amen.

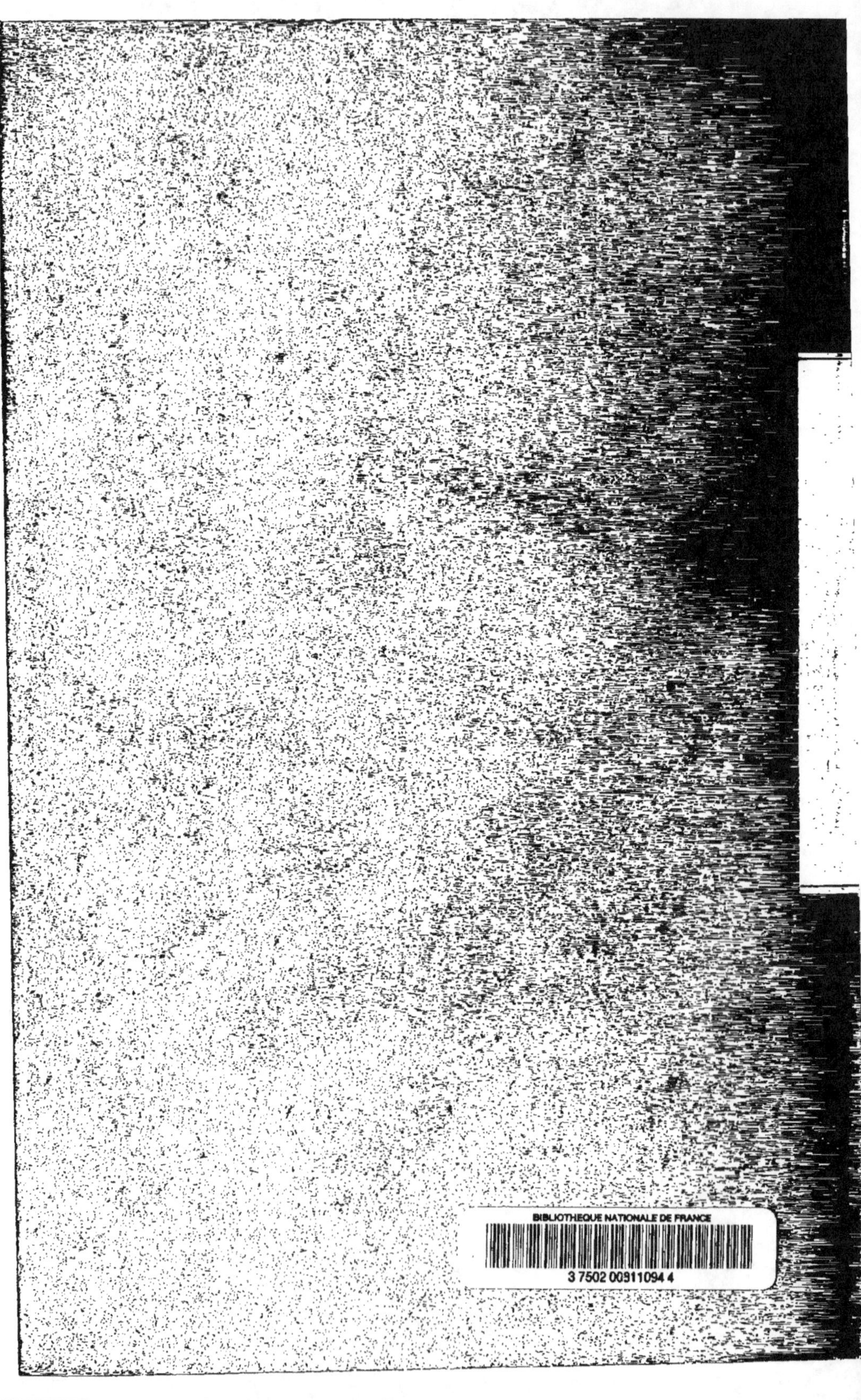

BIBLIOTHEQUE NATIONALE DE FRANCE

3 7502 00911094 4

www.ingramcontent.com/pod-product-compliance
Lightning Source LLC
LaVergne TN
LVHW050252030726

842520LV00006B/2328